Y . 39/41

ORONOKO

TRADUIT

DE L'ANGLOIS.

PREMIERE PARTIE.

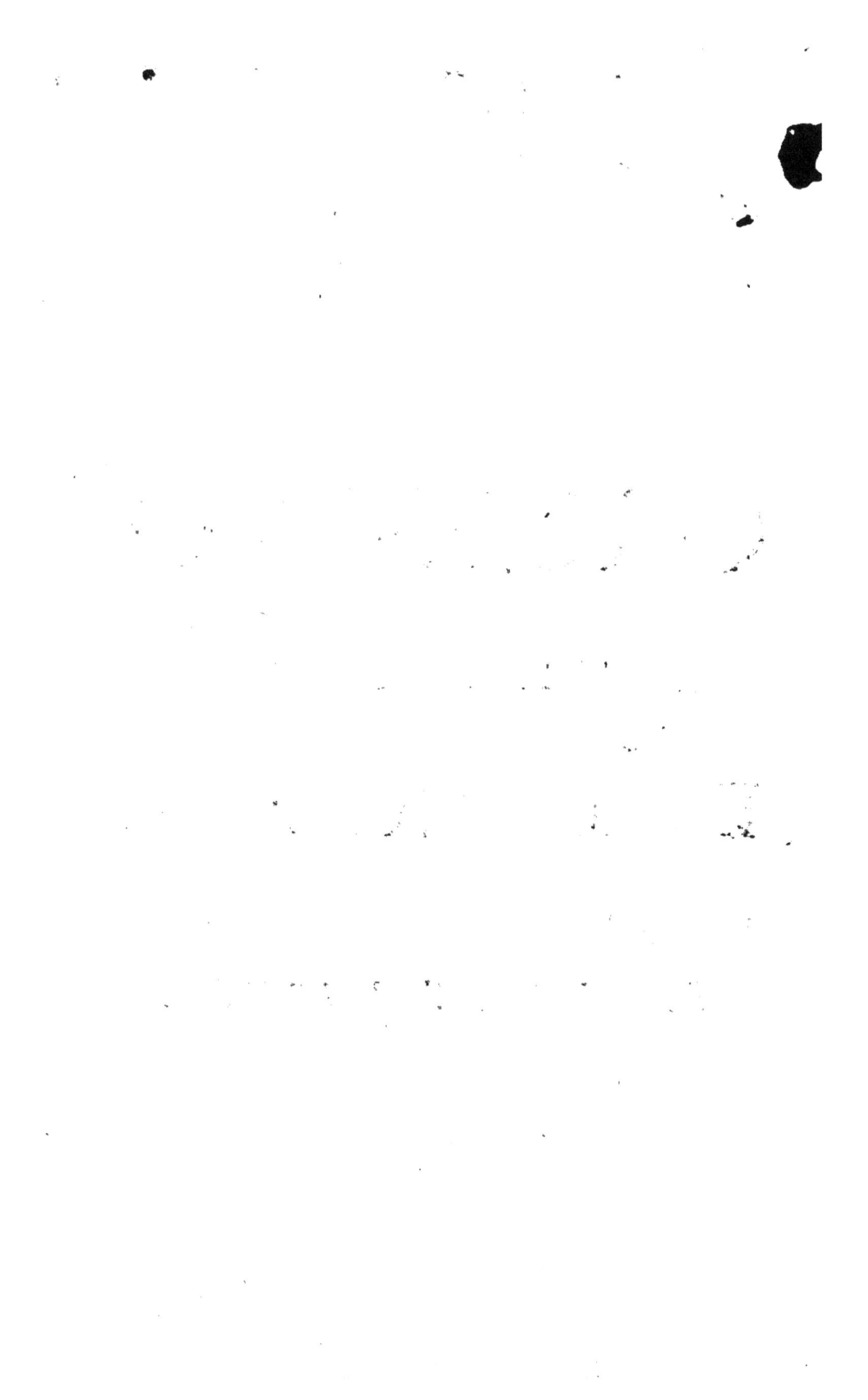

ORONOKO

TRADUIT

DE L'ANGLOIS.

DE

MADAME BEHN.

Qua fata trahunt, virtus secura sequetur.
Lucan.

PREMIERE PARTIE.

A AMSTERDAM,

Aux dépens de la Compagnie.

M DCC XIV.

A
MADAME
LA M. P. D'I....

Ronoko, revit
pour vous,
Et vous refusez son
hommage ?
Hélas, dit ma muse en couroux,
Quel Dieu, de mon bonheur, jaloux,
M'attire un refus qui m'outrage ?
Craint-elle, que de ses vertus,

EPITRE.

Compilant une fade histoire ;

J'affiche en termes rebattus ;

Des verités, qu'on ne croit plus ;

Dans le stile dédiçatoire ?

Que j'aille instruire l'univers ;

Des ayeux dont elle tient l'être ?

Leurs noms attendent-ils mes Vers ?

Et les ferois-je mieux connoître ?

Craint-elle, que de ses attraits ;

De ses graces, de son génie ;

J'ose crayonner des portraits ;

Que méconnoîtroit Polhymnie ;

A la foiblesse de leurs traits ?

Que j'ose.... Non, tu prens le change ;

EPITRE.

La vertu dicta cet arrêt :

Un cœur content de ce qu'il est

Fuit, ou dédaigne la louange.

Je le sçais : mais j'aurois tenté,

En réglant l'essor de ma Verve,

D'accorder Phœbus, & Minerve,

La louange, & la verité !

Son nom, décorant mon Ouvrage,

Eût fait son éloge, & le mien :

Il est des noms d'heureux présage ;

Et j'eusse acquis plus d'un suffrage,

Si l'on m'eût crû certain du sien ? ...

Tu travaillois donc pour lui

plaire ?

EPITRE.

As-tu plû ?... *Je le crois*... Eh bien,
Te faut-il un autre salaire ?

D. L. ****

PREFACE

DU

TRADUCTEUR.

L'OUVRAGE, que je donne au Public, est de la composition de Madame *Behn* : c'est-à-dire, d'une plume aussi célébre, en Angleterre, que celle des *Vil-*

a iij

ledieu, des *Scudéri*, & des *Luſſan*, l'ëſt en France.

J'ai été longtems étonné, de ce que le goût regnant des Traductions, de l'Anglois, n'avoit pas encore engagé quelqu'un à nous faire part des productions de cette plume ingenieuſe.

Mon intention n'a pas été, d'entreprendre une Traduction littérale, ni de m'aſtraindre ſcrupuleuſement au texte de mon Auteur. Oronoko, a plû à Londres, habillé à l'Angloiſe: Pour plaire à Paris, j'ai crû qu'il lui falloit un habit François. Je ne ſçais même, ſi cette maniere de traduire les Ouvrages , de pur amuſement , n'eſt pas la meilleure. Je crois , du moins , que je ne manque-rois pas de raiſons ſolides , pour juſtifier cette opinion.

Ceux qui ſçavent l'An-gloïs , & qui liront Orono-ko , dans l'Original , s'ap-percevront ſeuls des chan-gemens , que j'ai crû devoir faire , pour donner de la liaiſon à certains faits , pour en adoucir d'autres, & pour développer tout l'intérêt , dont le fonds m'a paru ſuſ-ceptible. J'eſpere , qu'ils me pardonneront cette hardieſ-ſe en faveur des motifs qui m'ont fait agir. Heureux! ſi leur délicatesse trouvoit à se dédommager, du côté de l'agrément, de ce qu'ils pourroient regretter du côté de l'exactitude ! Je leur demande cette indulgence, sur-tout, pour la seconde Partie.

Mes Lecteurs seront peut-être bien-aises d'apprendre quelques particularités concernant Madame *Behn*. Voici ce que j'en ai extrait, de l'Auteur Anonyme de ses Mémoires.

Astréa Johnson nâquit à Cantorbery. Son pere étoit un bon Gentilhomme, attaché à Mylord *Willougby*; lequel, ayant obtenu du

Roi d'Angleterre, le gouvernement de plusieurs Isles voisines du continent de *Surinam*, jetta les yeux sur *Sirjohnson*, pour en faire son Lieutenant Général. *Johnson* partit pour les Indes Occidentales, avec son épouse, & ses enfans. *Astrée* sortoit à peine de l'enfance.

Si l'on en croit l'Auteur cité, elle écrivoit déja également bien en Prose & en vers. Les charmes de sa personne égaloient ceux de son esprit, & son départ couta des larmes, à plus d'un Amant épris de ses jeunes attraits.

Sirjohnson mourut pen-

dant le voyage , & ne vit
jamais *Surinam,* où sa fille,
& sa famille , qui y étoient
arrivés avant lui , resterent
quelque tems , en attendant
un Navire qui pût les re-
mener en Angleterre.

C'est pendant son séjour
dès les Indes , qu'elle a été
témoin des avantures du
Prince *Oronoko* , dont elle a
écrit si élégament l'histoire.

Cet Ouvrage a été extré-
mement goûté en Angle-
terre. La maniere vive & intéressante , dont il est écrit ,
a fait croire à plusieurs per-
sonnes , que la jeune *Astréa*
n'avoit pas été insensible au
mérite de son Héros.

A son retour de *Surinam*, le Roi Charles Second , à qui elle eut l'honneur de lire son *Oronoko* , en fut charmé. Il lui ordonna de le rendre public.

Elle fut mariée , peu de tems après , à M. *Behn* , qui étoit originaire de Hollande : ce qui engagea ce Monarque, qui connoissoit l'esprit & la capacité de Madame *Behn* , de la charger d'une négociation importante , & relative à la guerre qu'il vouloit déclarer aux Hollandois. Elle servit fort utilement le Roi , dans ce pays , où il lui arriva plusieurs avantures , qui mériteroient d'être traduites. Mais la récompenfe, ne fut pas égale aux fervices! La méfintelligence, & la jaloufie des Miniftres de *Charles Second*, la firent revenir en Angleterre, où elle eft morte, peu riche, le 16 Avril 1689. fuivant le fort de prefque tous les gens de lettres, plus honorés après leur mort, que de leur vivant; elle a été enterrée dans le cloître de *Weftminfter*, parmi les cendres des Rois.

On peut juger du fuccès des Ouvrages de Madame *Behn*, en Angleterre, par le nombre des Editions qui en ont été faites. Celle de 1735, dont je me suis servi, est la huitiéme ; & j'apprens qu'il y en a encore une postérieure. *Oronoko* est regardé comme le chef-d'œuvre de cette Dame ; & M. *Southern* a trouvé cette histoire si intéressante, qu'il l'a crû digne du Théâtre de Londres, où elle a été applaudie.

Madame *Behn* a aussi travaillé pour le Théâtre. Ses Ouvrages, de ce genre, sont imprimés en 4 volumes.

ORONOKO

TRADUIT
DE L'ANGLOIS,
DE
MADAME BEHN.

PREMIERE PARTIE.

JE ne prétens pas, en donnant l'histoire de ce Prince Africain, amuſer mon lecteur par les avantures d'un Héros imaginaire, dont la vie & les traverſes ſont ajuſtées

I. Part.   A

au théâtre, au gré du caprice de l'Auteur.

Je prétens encore moins, en racontant la verité, l'embellir d'aucun ornement épifodique. Mon but eft de me renfermer dans mon fujet. Mon Héros, en paroiffant fur la fçene, n'aura d'autre recommandation, que fon propre mérite, ni d'autre luftre, que fes actions.

Je déclare d'abord, que j'ai été témoin oculaire de la plûpart des faits, que je vais raconter. Quant à ceux qui ne fe font point paffés fous mes yeux, je les tiens de la bouche du principal Perfonnage de cette hiftoire, qui m'a fait le récit de toutes les avantures de fa jeuneffe. Je paf-ferai fous filence mille petits traits, qui m'avoient pourtant parûs amufans, avant que fon

hiftoire fût fi fertile en événe-
mens, mais qui deviendroient
ennuyeux, dans une relation affez
intéreffante, fans ce fecours.

La fçene, ou la derniere partie
des avantures d'Oronoko s'eft
paffée, eft dans une colonie, ap-
pellée *Surinam*, dans les Indes
Occidentales. Mais avant d'entrer dans le détail de fon hiftoire,
il paroît affez néceffaire, de mettre, fous les yeux du Lecteur, un
tableau racourci des mœurs, &
du commerce du païs où je le
tranfporte. Il s'y trouveroit étran-
ger, fans cela, & plufieurs faits,
que j'ai à raconter, auroient peut-
être befoin de commentaire.
Ceux qui feront impatiens d'entrer, de plein vol, dans le détail
des avantures d'Oronoko, n'au-
ront que la peine de paffer quelques pages.

J'entre en matiere ; & je commence, par le commerce que les Anglois font, avec les Naturels du païs.

Quoiqu'ils nous soient assujettis, par droit de conquête, nous n'avons pas attenté à leur liberté; & les esclaves, dont nous nous servons, viennent de plus loin, comme je l'expliquerai dans la suite. Notre commerce avec ces peuples, ne se fait que par troc, ou par échange : L'argent, ne nous est avec eux, d'aucun usage; du poisson, du gibier, des singes, des perroquets, des ouvrages de Vannerie, & mille autres singularités, sont les principales marchandises que nous tirions d'eux.

Nous leur donnions en échange, des colliers, & des bracelets de toutes couleurs, des coûteaux, des haches, des épingles, & sur-tout des aiguilles. Ils fe fervent principalement, de ces aiguilles, pour fe percer les oreilles, le né, & les lévres, où ils attachent nombre de *babioles*, telles que des grains de verre enfilés, de petits morceaux d'étain, de petites pieces de monnoye d'argent, très-minces, & autres brillans colifichets de ce genre. Les femmes, en garniffent auffi leurs tabliers, qui n'ont guére plus d'un quart d'aulne de long, fur autant de large, mais foigneufement travaillés, & ornés de fleurs peintes de différentes couleurs. Ces tabliers leur fervent au même ufage, que celui auquel Adam & Eve employoient la feuille de figuier.

Quelques-unes de leurs femmes, qui font généralement très-bien faites, ont les traits d'une

délicatesse extrême,& présentent,
aux yeux, un spectacle charmant,
& nouveau dans son espéce. Elles
possédent tout ce qui est du ressort
de ce que nous appellons *beauté*,
si l'on en excepte la couleur de
leur peau, qui est naturellement
d'un jaune rougeâtre ; & qui, par
l'usage fréquent d'une certaine
huile, devient couleur de brique
nouvellement cuite, mais fort
unie & lissée. Elles sont modestes
& timides devant les hommes :
Elles poussent même la réserve au
point, de craindre d'en être tou-
chées : Quoique toujours nues &
obligées de vivre avec eux, jamais on n'apperçoit la moindre
indécence dans leurs attitudes, ni
dans leurs regards. L'habitude
de se voir continuellement dans
l'état de pure nature, y dissipe
tellement l'attention, qu'il sem-

ble que les deux sexes ne con-
noiſſent pas les déſirs. La raiſon
de cela, c'eſt que vous appercevez
d'abord tout ce que vous avez
envie de voir ; vous le revoyez
à chaque inſtant ; & où la nou-
veauté manque, la curioſité eſt
oiſive.

Cette nation, en un mot, me
repréſentoit exactement le premier état d'innocence, avant que
l'homme apprît à pécher ; d'où
j'ai conclu, que la ſimple nature
eſt le moins dangéreux de tous
les guides ; & que ſi nous obſer-
vions ſeulement ce qu'elle per-
met, ſes inſpirations toutes ſim-
ples, nous inſtruiroient beaucoup
mieux, que tous les préceptes d'in-
vention humaine. La Religion
même, dans ce païs là, ne ſervi-
roit qu'à en bannir l'heureuſe
tranquilité, qu'on y doit à l'igno-

rance, & l'établissement des loix,
leur apprendroit plutôt à connoître le mal, dont ils n'ont encore
aucune notion, qu'elles ne leur
serviroient à l'éviter, s'ils en a-
voient une fois acquis la science.

Ils célébrerent un jour, par des
jeux funébres, & un jeûne général, le trépas du Gouverneur Anglois, parce que leur ayant donné
parole de venir chez eux, à certain jour marqué, ils n'avoient pas
eu de ses nouvelles. Ils croyoient
fermement, que lorsqu'un homme a donné sa parole, la mort seule pouvoit le dispenser de la tenir!
l'ayant revû vivant, quelque tems
après, ils lui demandérent, *com-*
ment on appelloit, en Europe, un hom-
me qui manquoit à sa promesse ? Le
Gouverneur leur répondit, *qu'on*
l'appelloit, un mal-honnête homme:
Titre infâme, sur-tout pour un Gen-

til-homme. Sur quoi l'un d'eux se
léve, & lui dit, *Gouverneur ! tu
es donc un mal-honnête homme !*

Ils ont une Jurisprudence naturelle, qui ne connoît ni la frau-
de, ni les détours : Les vices far-
dés leur sont aussi étrangers. Les
Blancs seuls leur en donnent les
premieres idées. Ils ont plusieurs
femmes qui, à mesure qu'elles
vieillissent, servent les jeunes qui
leur succédent. Leur service est
paisible & aisé, & elles sont toujours respectées ; à moins qu'ils
ne fassentdes esclaves à la guerre,
ils n'ontpas d'autres domestiques.

La Nation qui habite le continent où je demeurois, n'avoit pas
de Roi ; mais le Guerrier le plus
âgé étoit obéï avec la derniere
soumission. Un homme qui par-
vient à ce grade, doit les avoir
menés long-tems au combat, avec

autant de conduite, que de bravoure. Nous vivions avec ce peuple dans une parfaite tranquilité; ils connoiſſoient les endroits du païs, où le gibier étoit le meilleur, & le plus abondant : Ils nous enſeignoient la façon de nous en pourvoir ; & pour des bagatelles de peu de prix, ils ſuppléoient généralement à tout ce qu'il nous étoit impoſſible de nous procurer par nous-mêmes.

Les Indiens nous étant donc fort utiles, en nombre d'occaſions nous penſâmes, à nous les attacher. Il auroit même été dangereux d'en agir autrement, parce que leur nombre ſurpaſſoit extrêmement le nôtre. Ceux que nous faiſions travailler au ſucre, dans nos plantations, étoient des Eſclaves noirs, que nous acquerions de la manière ſuivante.

Les Habitans, qui avoient besoin d'Esclaves, faisoient un marché avec un Capitaine de Navire, & convenoient de lui compter vingt livres Sterlin, ou environ, pour chaque Négre qu'il leur livreroit, dans telle plantation. Lorsque les Vaisseaux chargés d'Esclaves arrivoient, ceux qui avoient contracté alloient à bord, & chacun tiroit son lot.

Quand, par hasard, dans un lot, qui (à supposer) étoit de dix, il ne se seroit trouvé que trois ou quatre hommes, le reste en femmes, & en enfans, on étoit obligé de s'en contenter.

Le Coramantien *, païs qui

* M. Bruzen de la Martiniere l'appelle *Cormentin* ; Bosmar, dans son voyage de Guinée, le nomme *Cormantin*. C'est aujourd'hui une Forte-

tire son nom des Noirs qui l'habitent, est l'une des Côtes où le commerce des Esclaves est le plus avantageux : parce que cette Nation, qui est extrêmement brave & belliqueuse, ayant toujours guerre avec ses voisins, a souvent occasion de faire des prisonniers ; & que, suivant leurs Loix, tous ceux qui sont pris en guerre, & qui n'ont pas dequoi payer leur rançon, sont vendus comme Esclaves. Ce que produit la vente de ces prisonniers, retourne, en totalité, au profit du Général ; & c'est de lui que nos Capitaines de Navires achetent dequoi faire leurs cargaisons.

resse d'Afrique, appartenant aux Hollandois, sur la côte d'Or, en Guinée, ou Païs de Fantin.

Le Roi du *Coramantien*, étoit âgé de cent ans, & plus. Il n'avoit pas d'enfans mâles, quoiqu'il eût plusieurs femmes *Noires*, d'une grande beauté. Il est certain, qu'il s'en trouve de charmantes, malgré cette couleur. Il avoit eu dans sa jeunesse plusieurs fils d'une grande espérance. Il avoit même eu le chagrin d'en perdre treize dans une seule bataille, où ses Troupes avoient remporté la victoire. Il ne lui restoit alors pour successeur, qu'un de ses petits-fils ; & cet enfant, à peine capable de soutenir un arc, & de porter un carquois, avoit été envoyé à la guerre, pour en apprendre le métier. Son ayeul l'avoit confié à un Européen âgé, que quelques infortunes avoient conduit dans ce Païs, depuis quinze ou

seize ans, & qui par sa bravoure,& son expérience,étoit parve-
nu à commander toutes les Troupes du Royaume.

Le jeune Prince, accoutumé de
bonne heure à la fatigue ; porté,
par goût, à chercher les occa-
sions de se signaler, & d'apprendre ; profitant soigneusement des
bons exemples que le vieux Général lui donnoit tous les jours,
fut bien-tôt regardé, comme devant être un jour le Chef le plus
brave & le plus expérimenté qui
eût jamais été dans le Païs. Il
étoit d'ailleurs si avantageuse-
ment partagé des dons de la nature , tant pour le corps, que
pour l'esprit, que sa vûe inspi-
roit à la fois l'estime & le res-
pect, dans le cœur de ceux même qui ne le connoissoient pas.
C'est ce que j'ai éprouvé moi-

même, avec surprise, lorsque je le vis, par la suite, dans notre continent.

Il n'avoit pas encore seize ans accomplis, lorsque le Général, à côté duquel il combattoit, fut tué d'un coup de fléche, qu'il reçut dans l'œil. Elle étoit destinée pour Oronoko, (c'est le nom de notre jeune Héros) & il étoit mort, si le vieux Général, qui, en voyant partir le trait, avoit jugé qu'il étoit tiré contre le Prince, n'avoit opposé sur le champ sa tête, entre la fléche, & lui : Exemple admirable d'amour & de reconnoissance, pour le sang de son bienfaicteur ! Qu'on juge combien Oronoko y fut sensible !

Dans le tems même qu'il donnoit des larmes, au malheur de ce cher Gouverneur, il fut pro-

clamé Général, en fa place, par
toute l'Armée. Cette guerre,
qui avoit duré deux ans, finit
alors ; & le Prince partit pour
la Cour, où il avoit à peine paf-
fé un mois entier, depuis qu'il
en étoit forti, à l'âge de dix ans.
L'éducation guerriere, qu'il avoit
eue, fit regarder fa bonne grace,
& fon humanité, comme des pro-
diges.

On ne pouvoit concevoir qu'il
eût pû acquerir, dans un Camp,
l'idée de la véritable grandeur
d'ame, & les fentimens les plus
épurés. On étoit encore plus fur-
pris, de voir briller en lui, cette
noble générofité, & ce caractere liant, qui diftingue toujours
les gens bien nés ! Il eft vrai, qu'-
une partie de la gloire en étoit
dûe aux foins d'un *François*, homme d'efprit, & de courage, qui
ayant

ayant trouvé, dans le jeune Prince, un sujet propre à faire un jour un grand homme, s'étoit appliqué à perfectionner son éducation. Oronoko avoit reçu de lui, des leçons de morale, & une idée des sciences humaines, suffisantes pour le rendre estimable à tous égards. *Le François* s'apperçut bien-tôt, qu'il n'avoit pas semé en terre ingrate. Il ne tint pas au Prince, que sa reconnoissance n'égalât les bienfaits qu'il en avoit reçus.

Une de ses occupations favorites, à son retour de la guerre étoit d'aller rendre visite aux Gentilshommes Anglois, & aux Négocians, que le commerce attiroit dans le Païs. Il ne se contenta point d'apprendre leur Langue, il apprit encore l'Espagnol, & s'en servit utilement dans la

fuite, pour commercer avec eux.
Rien, enfin, ne fentoit en lui
le Barbare ; & il fe conduifoit en
toute occafion, comme s'il avoit
été élevé dans quelque Cour de
l'Europe.

Cette brillante, mais vraie
peinture du caractere d'Oronoko, me donna une extrême cu-
riofité de le voir, furtout quand
j'appris qu'il parloit François, &
Anglois, & que, par conféquent,
je pourrois m'entretenir avec lui.
Mais, malgré tout ce que j'en
avois entendu dire, j'avoue que
je fus auffi frapée d'admiration,
quand je le vis, que fi je n'avois
pas été prévenue, tant je le trou-
vai encore au-deffus de ce qu'on
m'en avoit dit !

Il étoit médiocrement grand,
mais d'une taille fi exactement
proportionnée, que le plus ha-

bile Sculpteur auroit eu peine à former une figure d'homme plus réguliere, & plus élégante. Son visage n'étoit pas de cette couleur noire & rouillée, si ordinaire à sa Nation : mais plutôt semblable à une ébeine parfaite, ou au jais le mieux poli. Ses yeux étoient grands, bien coupés, & extrêmement perçans. Ce qu'ils avoient de blanc, égaloit la neige. Il en étoit de même de ses dents. Son né, n'avoit aucun des défauts qui nous choquent dans les Négres. Sa bouche étoit belle, ses lévres fines & vermeilles, quoique presque tous les Négres les ayent grosses, & recourbées vers le menton. Il résultoit enfin, de l'assemblage entier des traits de son visage, quelque chose de si noble, & de si parfait, qu'à la couleur près ; rien dans la nature, n'étoit plus beau, ni plus féduifant.

Ce Prince, tel que je viens de le dépeindre, avoit un cœur fenfible, & fufçeptible des plus grandes paffions. Il ne tarda pas à fentir celle de l'amour, & à la porter au plus haut dégré. C'eft le foible des grands hommes !

On fe fouviendra, que le Général, fous lequel Oronoko avoit appris la guerre, avoit été tué à fes côtés d'un coup de fléche ; & que le jeune Prince lui avoit fuccedé dans fon emploi. Ce vieux Guerrier, n'avoit laiffé d'autres enfans après lui qu'une jeune fille, qui n'étoit âgée que de quelques mois, lorfqu'il étoit arrivé au Coramantien. Je ne peindrai fes charmes, qu'en difant, qu'elle étoit en femme, ce

que le Prince étoit en homme ;
& que sa vertu surpassoit ses attraits. J'ai vû les plus distingués
de nos *Blancs*, soupirans pour
elle, exprimer à ses pieds leurs
vœux & leurs desirs, sans pouvoir parvenir à la rendre sensible.

Oronoko, revenu de la guerre,
après avoir fait sa cour au Roi son
ayeul, se crut obligé de rendre visite à la fille du Général. Imoinda
(c'étoit son nom) sembloit méri-
ter l'hommage d'une vie, dont le
Prince ne jouissoit qu'aux dépens
de celle du vieux Général ; & les
Captifs, qui avoient été pris dans
la derniere bataille, étoit un tro-
phée assez digne de la gloire du
Pere, pour être présentés à la
Fille.

Lorsque le Prince arriva chez
elle, accompagné de tous les

Officiers de quelque diſtinction,
il fut vivement frappé de ſa
beauté. L'aimable modeſtie, avec
laquelle elle le reçut ; la douce
mélancolie de ſes regards, ex-
primant, à la fois, les regrets de
la mort de ſon pere, & la conſolation qu'elle reſſentoit de la
reconnoiſſance d'Oronoko, acheverent bien-tôt la victoire d'I-
moinda, & firent ſentir au Prince des mouvemens, qu'il n'avoit
pas encore connus ! Il fit alors
tomber, aux pieds de cette fille ;
cent cinquante Eſclaves enchai-
nés, & la rendit maîtreſſe de leur
fort. Imoinda, moins ſenſible à
ce préſent, qu'attentive au feu
qui animoit les regards du Prince, interpréta en ſa faveur, le
muet, mais éloquent langage,
d'un amour naiſſant. La joye
qu'elle en reſſentit, remplit bien-

tôt fon cœur d'un fentiment, qui
effaça celui de fa douleur.

Le Prince retourna à la Cour
dans une autre difpofition d'efprit, que celle avec laquelle il en
étoit parti ; & quoiqu'il affectât,
de ne pas parler d'Imoinda, plus
qu'il n'avoit fait auparavant, il
goûtoit, en fecret, le plaifir d'entendre louer fes charmes, par
tous ceux qui l'avoient accompagné chez elle. On s'imagine
bien, qu'il ne mit pas un grand
intervalle, entre fa premiere, & fa
feconde vifite. Son amour étoit
déja trop violent pour lui permettre d'attendre plus longtems !

Je l'ai fouvent entendu mar-
quer fon étonnement, de la ra-
pidité, avec laquelle fon cœur
avoit été emporté, vers Imoinda :
Lui, qui n'avoit jamais aimé,
ni même jamais eu le moindre

commerce avec les femmes!

Cette seconde visite, eut tout
le succès que sa flâme s'en étoit
promis. Il eut la joye de voir
Imoinda touchée de ses soupirs,
& y répondre, par ces expres-
sions tendres & naïves, que le
cœur seul sçait dicter! Le Prince n'abusa pas des obligations,
qu'il avoit à l'amour : son bonheur présent surpassoit ses vœux.
Il se contenta d'en jouir, & de
le voir partager par sa chere
Imoinda! La tendre confiance
qu'elle lui marquoit, auroit suffi seule pour le contenir, quand
même la violence de sa passion
eût voulu l'emporter à quelque
transport indiscret. Et cela ne
paroîtra pas extraordinaire, à
ceux qui connoissent les mœurs
de ce Païs, où la galanterie ne
deshonore, que lorsque l' mant
                              abuse

abuſe de la confiance, ou de la foibleſſe de ſon amante..... Que ne penſons-nous de même ! & pourquoi faut-il, que des peuples, que nous appellons *barbares*, ayent plus de vertus morales que nous ?

Oronoko, qui en avoit des notions très juſtes, en donna alors une preuve bien chére, & bien convainquante, à ſa maîtreſſe. Ce fut, de jurer à ſes pieds, de renoncer, pour elle, au privilége des hommes de ſa nation; & de n'avoir jamais, pendant ſa vie, d'autre femme qu'elle.

Après mille aſſurances d'un amour ſincére & conſtant; & d'un éternel empire ſur les volontés de ſon amant, Imoinda lui promit, de l'accepter pour époux; ou plutôt de le recevoir, comme le préſent le plus pré-

cieux, & le plus honorable que
les Dieux puſſent lui faire! Enfin,
il fut arrêté, entre les amans, que
par déférence pour l'ayeul d'O-
ronoko, il feroit le premier inſtruit de leur deſſein. Mais tandis qu'ils jouiſſoient, par avance,
d'une félicité à laquelle ils ne
prévoyoient point d'obſtacle,
leur mauvais deſtin travailloit à
leur en fuſciter d'auſſi terribles,
qu'imprévûs !.

La viſite éclatante, que le Prince avoit faite à Imoinda, & les
attentions marquées, dont elle
avoit été fuivie, avoient tout à
coup ouvert les yeux des Courtifans, fur le rare mérite de cette
fille. Ses charmes, peu connus,
à cauſe de la retraite dans laquelle elle avoit toujours vêcu, pendant l'abſence, & depuis la mort
de fon pere, avoient, pour ainſi

dire, acquis un nouveau relief,
depuis qu'Oronoko y avoir parû
sensible ; & la Cour ne retentis-
soit plus, que des louanges d'I-
moinda. Ces éloges parvinrent
bien - tôt aux oreilles du vieux
Roi ; & quoiqu'il eût beaucoup
de femmes, & de concubines, il
ne manqua pas de Courtisans fla-
teurs, qui travaillerent à lui ins-
pirer du goût, pour cette jeune
personne. Au portrait, qu'on lui
en fit, son cœur usé, & flétri par
l'âge, sentit renaître des désirs,
qui le ranimérent.

Quoique persuadé de la verité
de ce qu'on lui avoit raconté d'I-
moinda, il crut pourtant, avant
d'user de son autorité, pour la
faire appeller à sa Cour (où les
jeunes filles ne viennent jamais,
que pour les plaisirs du Roi) devoir y réfléchir pendant quelques jours.   C ij

Dans cet intervalle, il fut informé de la paſſion d'Oronoko pour cette jeune beauté ; & cette nouvelle le chagrina. Cependant, peu fait à réprimer ſes déſirs, de quelque nature qu'ils fuſſent, il ne combattit pas long‑tems. Il choiſit un jour, que le Prince étoit à la chaſſe, pour faire porter un préſent à Imoinda, comme venant de la part de ſon amant. Un Courtiſan fut chargé de cette commiſſion ; & le Roi, ſous un habit d'eſclave, ſe détermina à le ſuivre. Son intention étoit, de juger par lui-même, à la faveur de ce déguiſement, des attraits, & du mérite de cette aimable fille ; d'entendre, quelle ſeroit ſa réponſe au meſſage du Prince ; de pénétrer le fond de ſon cœur ; & de connoître, à quel degré ſon inclination, pour Oronoko, étoit déja parvenue.

Le vieil amant, vit, & brûla d'amour. Il la trouva telle qu'on la lui avoit dépeinte. Mais il prévit bien des obstacles à surmonter ! Imoinda, touchée du présent du Prince, avoit exprimé ses sentimens, en termes si tendres, & avec une joie si naturelle, que le Roi ne douta plus, qu'Oronoko ne fût aimé !

Mais en se rappellant, que la volonté du Monarque, étoit aussi sacrée, aux yeux de ses Sujets, que celle des Dieux, il se persuada, qu'il obtiendroit aisément, du devoir, ce qui lui seroit refusé par l'amour.

Il ne fut pas si-tôt de retour à son Palais, qu'il envoya le voile Royal à Imoinda. Le voile, est dans ce païs, ce que le *mouchoir*

C iij

eſt dans le Serrail du Grand Seigneur. Celle qui le reçoit, eſt
engagée ; & il y a peine de mort
contre celle qui fait la moindre
réſiſtance. La répugnance, même
apparente, eſt regardée comme
impie, & ſacrilége !

Il n'eſt pas poſſible de peindre
l'excès de ſurpriſe, & de douleur, dont Imoinda fut ſaiſie, à
cette fatale nouvelle. Situation
d'autant plus affreuſe, qu'elle
ſçavoit combien le moindre dé-
lai étoit dangereux en pareil
cas ! .... Tremblante, & preſque
évanouie, elle ſe laiſſa couvrir
du voile terrible ; & ſuivit l'Offi-
cier, porteur de l'ordre du Roi.

Ce Prince, avoit fait préparer
un bain magnifique. Aſſis ſur un
riche tapis, il attendoit Imoinda.
Il ordonna qu'on la fît entrer.
Les eſclaves, après lui avoir ôté

fa robbe, l'introduifirent dans la
falle du bain, & fe retirérent. Le
Roi lui dit, de fe deshabiller.

La trifte Imoinda, toute en larmes, & hors d'elle-même, fe
jetta fur le pavé de marbre; &
s'appuyant fur le bord du bain,
le fupplia, en tremblant, de lui
faire la grace de l'entendre ! Elle
lui dit, qu'elle fe croiroit la plus
heureufe des créatures, & la plus
glorieufe de celles de fon fexe,
s'il étoit en fon pouvoir d'obéir à
fon fouverain Maître ! mais,
qu'elle ne le pouvoit, fuivant les
loix; qu'elle fe voyoit forcée, de
réveler ce fecret, pour épargner
un grand crime à fon Roi. Enfin,
qu'elle étoit mariée, & par conféquent, affez malheureufe pour
ne pouvoir être à lui ! ....

Le Roi, fe levant avec fureur, lui demanda, d'un ton fou-

droyant, le nom du téméraire,
qui avoit osé épouser, une fille
de son rang, sans son consente-
ment ? Imoinda effrayée des
transports du vieux Monarque,
se repentit de l'aveu qu'elle venoit de faire. Elle vit le danger
que pouvoit courir son amant; &
cherchant mille détours, elle dit
tout ce qu'un état aussi embarras-
sant, que celu où elle se trouvoit, put lui suggérer de plus tou-
chant, pour appaiser le couroux
du Roi, & pour le préparer à entendre le nom de son époux, avec
quelque tranquilité.

Mais le Roi, qui pressentoit
assez le nom du coupable, & qui
craignoit d'avoir à punir la femme de son petit-fils, ordonna d'un
ton de maître, à la triste Imoinda,
de venir s'asseoir à côté de lui.
Ne me parle plus, ajouta-t'il, de

çe mariage, si tu aimes ton époux!
jure-moi, que tu es encore fille ;
sans quoi, il est mort ! fût-ce
Oronoko lui-même !

Imoinda, presque mourante,
se hâta de lui jurer, qu'elle étoit
encore telle qu'avant son mariage.... ç'en est assez, dit le Roi,
ç'en est assez, pour tranquiliser,
à la fois, ma conscience, & mon
cœur !.... & se précipitant vers
elle, il la força, malgré ses larmes, & sa résistance, d'entrer
avec lui dans le bain.

Le Prince, à son retour de la
chasse, étoit allé pour rendre visite à Imoinda. Avec quelle douleur n'apprit-il pas, qu'elle avoit
reçu le voile Royal ! Le chagrin
qu'il en conçut dégénera bien-tôt
en rage. Les effets en auroient
été funestes, si ses amis n'étoient
venus assez tôt, pour l'empêcher

d'attenter à sa vie : Il fallut même y employer la force. Oronoko céda ; & la raison vint ensuite à son secours.

On lui fit entendre, que l'extrême vieillesse du Roi, devoit le rassurer. Et cette réflexion, souvent répetée, produisit enfin, malgré l'accablement où sa douleur l'avoit plongé, une partie de l'effet qu'on en attendoit. Il sentit, que la passion d'un rival, de l'âge du Roi, ne pouvoit être suivie d'aucun effet, capable de rendre Imoinda moins digne de son amour, qu'elle ne l'étoit avant son entrée au Serrail. Cependant, la douleur d'en être séparé, n'étoit pas moins un suplice insupportable pour lui. En vain, s'armoit-il de toute la force de son courage, pour y résister : L'excès de sa douleur l'emportoit sou-

vent au point de s'écrier, ah !
mes amis, que n'est-elle séparée
de moi, par tout ce que l'art peut
ajouter à la nature, pour rendre
une forteresse imprenable ! dût-
elle être défendue, par les mon-
stres les plus terribles, j'affron-
terois leur colere, pour délivrer
Imoinda ! .... Mais, elle est dans
les bras d'un vieillard foible, &
que la nature m'oblige de respec-
ter ! Ainsi, ma jeunesse, ma force, mon amour, mes travaux
guerriers, mon ardeur pour la
gloire, tout enfin me devient
inutile ! Imoinda ! Ma chere
Imoinda ! Tu es aussi irrévoca-
blement perdue pour moi, que
si la mort cruelle t'avoit frapée
de ses traits ! Eh, dussais-je être
assez lâche, pour traîner ma foible
vie, jusqu'à ce que le sort ait mis
mon ayeul au tombeau, puis-je

efpérer le bonheur de t'avoir
pour épouſe ? Le préjugé , qui
fait un ſi grand crime au fils, d'é-
pouſer la femme, ou la maîtreſſe
de ſon Pere , ne ſuffira-t'il pas ,
pour détruire toute ma félicité ?

Ses amis lui repréſentérent ,
qu'Imoinda ayant été unie à lui,
par un Contrat ſolemnel , tout
le blâme de l'infraction des loix
ne tomboit que ſur ſon ayeul.
Qu'un mari, en pareils cas , pouvoit employer la ruſe , & même
la force, pour recouvrer ſon épouſe, & l'enlever d'un ſerrail , où la
violence ſeule l'avoit fait entrer.

Ce raiſonnement l'ébranla, &
l'auroit peut-être entierement
tranquiliſé , s'il avoit eu à ſe
venger de tout autre que de ſon
ayeul. Mais ſon reſpect pour
lui, le retint , & lui fit écarter
toute idée ſiniſtre, pour n'em-

braſſer que celles, qui ſe trou-
voient favorables aux eſpéran-
ces qu'il venoit de concevoir. Il
ſe détermina à tenter une entre-
vûe avec Imoinda, pour apprendre de ſa bouche même, s'il
pouvoit encore eſperer de la poſ-
ſeder un jour, ſans remords; &
pour regler ſes démarches ſur la
déclaration, que cette aimable fille lui feroit de ſon état.
Mais l'entrepriſe, de lui parler,
en particulier, n'étoit pas aiſée,
jamais homme n'entroit dans le
ſerrail, qu'en accompagnant le
Roi, lorſqu'il alloit s'y entretenir, avec quelqu'une de ſes
femmes, ou de ſes maîtreſſes.
La mort étoit la punition de
quiconque y mettoit le pied, en
tout autre tems.

Tandis qu'Oronoko étoit livré à tous les tourmens, qui

déchirent le cœur d'un Amant
fidéle & jaloux, le Roi n'étoit
pas exempt de peines. Il se reprochoit, à tout instant, de s'ê-
tre vû forcé, par l'illusion d'u-
ne passion ridicule, de ravir à
son petit-fils un trésor, qu'il sçavoit lui devoir être extrêmement
cher. L'empire, que les attraits,
l'innocence, & la modestie d'I-
moinda, avoient pris sur son
cœur, lui servoit à juger, par
comparaison, de l'excès d'amour,
qu'un jeune Prince, tel que son
petit-fils, avoit dû ressentir pour
elle ; & cette pensée augmentoit
d'autant plus ses remords ! L'a-
mour-propre même, ce flateur
éternel de l'homme, ne l'empê-
choit pas de se rendre justice, &
de penser, que dans les momens
où cette jeune personne étoit
obligée de souffrir ses assiduités ;

elle ne reffentît autant de répugnance, & de douleur, qu'elle
eût goûté de plaifirs, avec fon
jeune amant.

Il pouvoit d'autant moins do-
ter, de la tendreffe d'Imoinda,
pour Oronoko, que le nom de
ce Prince lui échapoit mille fois
le jour : Quoique, par les loix du
Serrail, toute paffion, pour un
autre que pour le Roi, dût cou-
ter la vie à une femme. Il eft
vrai, qu'en cédant au penchant,
qui la portoit toujours à parler
du Prince, elle conservoit affez
de pouvoir fur elle-même, pour
en parler plutôt comme d'un Héros, cher à fon ayeul, & à fon
païs, que comme d'un amant,
qu'elle regretât. Ainfi, les louanges mêmes qu'elle donnoit à fa
bravoure, & à fes grandes actions, flatoient quelquefois le

vieux Monarque, qui s'imagi-
noit revivre en fon petit-fils.
Imoinda, faififfant ce foible, trouvoit le moyer de s'entretenir de
fon amant, avec fon rival même, fans qu'il s'en offençât.

Le Roi, s'informoit pourtant
fouvent, de la maniere dont le
Prince fe conduifoit. Mais ceux
qu'il interrogeoit, étant totalement dévoués à Oronoko, ne
répondoient à ces queftions, que
conformément à fes intérêts. A
les entendre, il ne s'occupoit qu'à
fes exercices, & à la chaffe : Ce
qui faifoit penfer au Roi, que le
Prince avoit abfolument oublié
fa maîtreffe, ou qu'il lui en faifoit un généreux facrifice. Cet ef-
poir charmoit le vieil amant, qui
ne manquoit pas d'en faire part
à Imoinda, dans l'idée que le dé-
pit lui feroit fuivre l'exemple du
Prince. Quoique

Quoique ces raports perçaſ-
ſent le cœur de cette tendre A-
mante , elle ſe contraignoit
pourtant au point, de les entendre , ſans émotion apparente, & même avec une eſpéce
d'indifférence. Mais ſes regrets ,
n'en étoient que plus vifs & plus
amers , lorſqu'elle avoit la liberté de ſe plaindre ſans té-
moins !

Le Prince , inſtruit de ſon côté , des informations ſecrettes ,
que le Roi prenoit de ſa conduite, avoit ſoin , quand il paroiſſoit devant lui , de compoſer
ſon viſage , de maniere à ne pas
démentir l'érat d'indifférence ;
qu'on lui prêtoit. De façon qu'en
peu de tems, le Roi totalement
convaincu, qu'il avoit oublié
Imoinda, ne fit plus de difficul-
té de le mener au ferrail , & de

l'admettre dans les fêtes, qu'il donnoit fréquemment à ses Maîtresses.

Mais, un jour, que le Roi, sans le prévenir, s'étoit avisé de le mener dans l'appartement d'Imoinda, à peine le Prince l'eut-il envisagée, qu'il manqua de tomber à la renverse : Ce qui seroit arrivé, s'il n'avoit été heureusement, soutenu par *Aboan*, jeune Seigneur de ses amis, qui étoit derriere lui. Le changement de son visage auroit même suffi pour le trahir, si le hasard n'avoit encore permis, que le Roi fût alors occupé à regarder d'un autre côté. Ceci me donne occasion d'observer l'erreur de ceux, qui prétendent, qu'un Négre ne change jamais de couleur. J'ai vû, plus d'une fois, des Négres rou-

gir, & même pâlir. Leur rou-
geur, & leur pâleur, étoient
presque aussi aisées à distinguer
sur leur visage, que sur celui
du plus modeste, ou du plus co-
lérique Européen.

Rien n'échappe aux yeux d'u-
ne Amante. Imoinda apperçut,
d'un coup d'œil, toute l'impres-
sion que sa vûe avoit faite sur
Oronoko. Pour détourner les
regards du Roi, qui pouvoient
s'arrêter sur le Prince, elle cher-
cha à les fixer sur elle, par
quelques caresses forcées. Nouveau supplice, pour Oronoko!
Quoiqu'il dût sentir, quel étoit
le but de sa Maîtresse, & que
par réflexion, son amour lui
tînt compte de la violence qu'elle se faisoit. Le Roi s'amusa à
examiner quelques ouvrages de
la façon d'Imoinda. Elle saisit

ce moment, pour dire tout bas
au Prince, en le regardant d'un
œil aussi triste que tendre, qu'elle gémissoit de l'oubli, qu'il faisoit d'elle, autant que de l'esclavage où elle étoit réduite!

Le Prince, frappé de ce dis-
cours, n'y put répondre, que
des yeux. Mais, des yeux ani-
més, par le sentiment d'un cœur
tendre & passionné, sont au-
dessus de l'Eloquence même! Ils
s'exprimerent avec tant d'éner-
gie, qu'Imoinda cessa de douter
qu'elle ne regnât toujours, avec
le même empire, dans le cœur
de son Amant. Leurs regards
mutuels, sembloient chercher
leurs pensées & leurs desirs,
jusqu'au fond de leurs ames, &
leur recherche n'étoit pas vaine!.... Ils sentirent, qu'il ne
leur manquoit qu'une occasion

favorable, pour mettre le comble à leur bonheur.

Une porte s'ouvrit tout à coup. *Onahal* parut. C'étoit une des anciennes femmes du Roi, & qui alors étoit chargée du foin d'Imoinda. Oronoko porta en ce moment les yeux dans la chambre d'où fortoit Onahal. Il apperçut un lit, orné de fleurs, qui y étoit dreffé. Il prévit fon malheur! il en frémit!

Le Roi, prenant la tremblante Imoinda, par la main, la conduifit, comme une victime, dans ce fatal appartement. Onahal les fuivit. La porte fut, en même-tems fermée, & gardée par une troupe d'efclaves.

Quelle rage, quels tranfports, s'emparérent alors du cœur de cet amant malheureux!... Il alloit éclater; & fa perte étoit cer-

taine , ainfi que celle de fa maîtreffe , lorfqu'*Aboan* , témoin de
fes mouvemens furieux , & fré-
miffant du danger auquel le
Prince alloit s'expofer, l'arracha
de cette chambre , pour le faire
paffer dans une autre , plus écar-
tée , & d'où le Roi ne pouvoit
l'entendre. Le Prince , en y ar-
rivant, tomba évanoui. Onahal ,
qui étoit fortie de l'appartement
du Roi , paffa par cette chambre. Elle fut effrayée de l'état où
étoit le Prince , & s'empreffa de
de le fecourir. Elle demanda la
caufe de cet accident ? Mais, elle
en fut bien-tôt inftruite , par les
foupirs , qui échapoient à Oronoko. Le nom feul d'Imoinda
fortoit de fa bouche ; & ce fut ,
en lui parlant d'Imoinda, qu'elle
trouva le fecret de le faire revenir de fon évanouiffement..

Onahal, avoit le cœur fensible. Elle fut touchée de tant d'amour; & dit à Oronoko, que le sujet de sa douleur, n'étoit pas aussi grand qu'il le pensoit. Vous pouvez m'en croire, ajouta-t'elle; le Roi n'est point un rival à craindre : Imoinda n'en est pas moins digne de vous. Je puis encore vous rassurer, sur ses sentimens : Elle me les a confiés. Elle souffre autant des caresses qu'elle reçoit, que vous avez tort d'en être jaloux.

Aboan, se joignit à Onahal, pour confirmer le Prince dans cette opinion, aussi flatteuse pour lui, que vraisemblable; & ils parvinrent enfin à la lui persuader. Oronoko remercia mille fois Onahal, de la part qu'elle vouloit bien prendre à sa douleur; & il lui dit tant de choses

obligeantes, qu'il se l'attacha en-
tiérement. Elle lui promit, de
faire tout ce qui dépendroit d'elle, pour l'accomplissement de
ses vœux, en l'assurant, qu'elle
alloit commencer, par rendre
compte à Imoinda, de son extrême fidelité, de tout ce qu'il
avoit souffert; enfin, de tout ce
qu'il lui avoit dit, sur ce sujet.

Cette conversation eût duré
plus long-tems, si le Roi n'avoit
appellé Onahal. Mais le Prince
sentit, en cette occasion, de la
satisfaction, à être interrompu.
Les consolations, qu'il venoit
de recevoir, l'aidérent à prendre une contenance aussi con-
certée, qu'il étoit possible à un
amant de l'avoir, en pareille cir-
constance. Un instant après, ils
furent introduits dans la chambre du Roi, avec tous ceux qui
attendoient.

attendoient. Il venoit de demander fa mufique , & quelques-
unes de fes maîtreffes, pour dan-
fer devant lui. Imoinda s'en ac-
quitta , avec un air, & des graces , autant au-deffus des leurs ,
qu'elle les furpaffoit déja , par fa
beauté. Auffi reçut-elle le prix
ordinaire , en ces fortes de fêtes.
Chaque moment augmentoit l'a-
mour du Prince pour elle , parce
que chaque moment lui décou-
vroit de nouveaux charmes , &
des talens, qu'il ne lui connoif-
foit pas encore.

Cependant , tandis que fes
yeux, & fon cœur , étoient oc-
cupés d'Imoinda , Onahal. &
Aboan, étoient en converfation,
dans l'embrafure d'une fenêtre.

Cette Onahal étoit , comme
je l'ai dit, une des anciennes maîtreffes du Roi, dont l'emploi fe

bornoit à servir de gouvernante
aux jeunes, & à leur enseigner
cet art,& ces finesses d'amour,au
moyen desquelles elles avoient,
dans leur tems,fait l'amusement,
& les plaisirs de leur Maître. La
plûpart de ces femmes traitoient
les jeunes régnantes, avec toute
la séverité possible : Charmées
de se venger, en les gênant, de
la perte des honneurs, dont elles jouissoient avant leur arrivée
au Serrail, & fâchées de voir des
novices en possession des plaisirs,
& des galanteries,qui sembloient
n'avoir été inventées que pour
elles, pendant la durée de leur
jeunesse, & de leurs attraits. Elles croyoient se dédommager de
la perte des faveurs du Roi, en
exerçant toute l'autorité, & la
malignité du pouvoir qui leur
étoit donné,sur celles qui avoient

le bonheur de les posséder acctuellement !

Le caractére connu, de ces surveillantes, glaçoit le Prince d'effroi. Il n'osoit se flatter, d'avoir attendri Onahal, au point de pouvoir absolument compter sur elle; & la moindre indiscrétion, de la part de cette femme, tiroit à de terribles conséquences !

Mais Aboan, & l'amour, travailloient pour lui. Ce jeune homme, qui étoit de grande condition, dans le païs, étoit en même-tems bienfait, & aimable; & comme il accompagnoit souvent le Roi, au Serrail, il avoit fait la conquête de l'antique Onahal, qui n'avoit pas encore oublié, combien il étoit doux d'être aimée. Quoique les années eussent répandu quel-

qu'altération fur fes charmes ;
fon efprit & fon caractére en-
joué ne s'en fentoient pas. Il lui
reftoit même un certain air de
fraîcheur , & de vivacité , qui ,
joint au titre , d'ancienne maîtreffe d'un Roi, fuffifoit pour en-
flâmer un jeune homme ambi-
tieux , qui n'avoit pas encore aimé. Aboan s'applaudit d'autant
plus , d'avoir infpiré de l'amour
à Onahal , que fon amour-pro-
pre, & fon ambition , y trou-
voient leur compte : Il fçavoit ,
dès long - tems , que les Dames
du Serrail influoient beaucoup
fur la fortune des Courtifans.
Enfin , l'envie de faire fa cour
au Prince Oronoko , à qui Onahal pouvoit être utile , acheva
de l'embarquer dans une intri-
gue, dont il ne prévoyoit que
de l'avantage pour lui, de quel-

que côté qu'il l'envifageât.

Il n'eut garde de laiffer paffer le moment de converfation, que cette femme lui avoit ménagé, fans lui faire connoître toute la vivacité de la paffion qu'il croyoit reffentir pour elle. On juge aifément, que cette déclaration fut écoutée, fans colere; & que ces amans ne fe quitterent, qu'après s'être juré un amour éternel. A peine avoient-ils fini leur entretien, que le bal, & la mufique ceffèrent. Le Roi partit; & chacun fe retira.

Aboan, ne manqua pas, le foir même, d'aller rendre compte de fon avanture au Prince; & de lui faire connoître, combien fon intelligence avec Onahal, pourroit être avantageufe à Imoinda, & à lui. Oronoko,

aprit cette nouvelle avec tranfport. Il pria Aboan, en l'em-
braffant, de ne rien négliger,
pour s'affurer bien-tôt de toute
la tendreffe d'Onahal. Ah, dit-
il, cher ami ! Mon bonheur en
dépend ! Quand tu l'auras engagée entierement, fa vie dépen-
dra de toi : elle ne pourra te re-
fufer ce que tu lui demanderas
pour moi !

Aboan entendit ce langage,
& promit tout au Prince.

Cependant la guerre étoit dé-
clarée, depuis peu, avec une
nation voifine. Le tems d'entrer en campagne approchoit ;
& il étoit impoffible au Prince
de differer fon départ, pour l'armée, dont il avoit le comman-
dement. Cette circonftance, lui
rendoit encore les jours qu'il
paffoit, fans voir Imoinda,

beaucoup plus ennuyeux ! Car
il étoit perfuadé, qu'il ne pourroit vivre, s'il étoit contraint de
partir, fans l'avoir vûe, en particulier. Il languiffoit dans ces
inquiétudes, lorfque le Roi lui
dit un jour, qu'il le meneroit,
le lendemain, au Sérail. Hélas,
le Prince, ne fçavoit pas,
que la converfation muette qu'il
avoit eue, à la derniere vifite,
avec Imoinda, n'avoit pas écha-
pée aux regards curieux d'un
vieux flateur, qui en avoit fait
fa cour au Roi ; & que c'étoit,
pour la derniere fois, qu'il alloit au Sérail, avant fon départ
pour l'armée ! Cet avis, qu'il
reçut d'Aboan, l'engagea à pref-
fer ce jeune Seigneur, de faire
les derniers efforts, auprès d'O-
nahal, pour qu'elle ne differât
pas plus longtems à acquitter fa
promeffe. E iiij

Ils partirent, pour accompagner le Roi, au Sérail. Tandis que le plus grand nombre étoit occupé à regarder les danses, & les jeux, ausquelles les Dames s'exerçoient, pour divertir le Roi, Onahal fit signe à Aboan, de la suivre. Elle le conduisit dans un endroit, où elle étoit sûre de n'être pas entendue.

Aboan, n'oublia pas les interêts du Prince. Il parut, aux yeux d'Onahal, l'amant le plus vif, & le plus empressé ; & cette femme y fut trompée. Elle ne put retenir les transports de sa joye ; & pour preuve de la tendresse qu'elle juroit, à son tour, à Aboan, elle ôta deux grosses perles de ses oreilles, qu'elle le pria de porter aux siennes, comme un gage de son amour. Aboan, avoit d'autres vûes : il la pria de reprendre fes bijoux, & de lui accorder un entretien fecret.

Une paffion, fi vive, en apparence, devoit triompher de tous les obftacles. Eh bien, dit Onahal, à demi-voix, en lui fermant la main (dans laquelle il tenoit les deux perles) tu peux t'en repofer fur moi : quand l'amour infpire une femme, elle eft sûre de réuffir. Trouve-toi cette nuit, à la porte du bois des Orangers, derriere le Sérail.... Je te quitte : une plus longue converfation nous rendroit fufpects.

La danfe duroit encore ; & le Roi, couché fur un riche tapis, s'en amufoit beaucoup. Il étoit furtout enchanté des graces d'Imoinda, que les bonnes

nouvelles, qu'elle avoit appri-
ses d'Onahal, rendoit plus gaie
qu'à l'ordinaire. Le Prince, étoit
sur un autre tapis, à l'autre
bout de la chambre, les yeux
fixés sur l'objet de ses desirs ; &
ceux de sa maîtresse, qui les
rencontroient, à chaque tour
de danse, sembloient en em-
prunter uu nouvel éclat. Mais
tandis qu'elle étoit plus occu-
pée des regards de son Prince,
que de la justesse de la danse,
elle fit un faux-pas, qui la fit
chanceler de façon, qu'elle seroit tombée, si le Prince, en
s'élançant de son tapis, ne l'a-
voit pas reçûe dans ses bras.
Le transport qu'il fit éclater,
fut remarqué de toute l'assem-
blée, & pensa lui être fatal. Il
étoit, en effet, tellement hors
de lui-même, qu'oubliant la ja-

loufie, & la préfence du Roi, il
n'auroit pû fe réfoudre de lâcher
fa maîtreffe, qu'il tenoit étroi-
tement ferrée contre fa poitri-
ne, fi Imoinda, qui en fentit
d'abord les conféquences, ne
s'étoit dérobée de fes bras, pour
rentrer dans la danfe. Il étoit
tems ! Le vieux Monarque, ou-
tré de rage, s'étoit levé, &
portoit déja la main à fon poi-
gnard. Il fe retint, en voyant
Imoinda dégagée. Mais il rom-
pit l'affemblée, fur le champ ;
& en rentrant dans fon appartement, il envoya ordonner au
Prince, de partir pour l'armée,
fous peine de la vie, s'il paroiffoit le lendemain au Coramantien.

Oronoko, fut accablé, par
cet ordre ; & fes amis ne pûrent
s'empêcher de le plaindre, quoi-

qu'en le blâmant, du tranfport, qui le lui avoit attiré. Le Prince fentoit fa faute ; mais il crioit encore, qu'il acheteroit volontiers, de fa vie, un femblable moment !

Cette avanture, mit tout le Sérail en rumeur. Onahal y étoit particulierement intereffée, parce que le départ du Prince, alloit lui enlever fon amant ; & ce contre-tems lui paroiffoit cruel ! Le Prince, & Aboan, n'étoient pas plus tranquilles. Ils fentoient la néceffité d'obéir à l'ordre du Roi, & ne pouvoient pourtant fe réfoudre à partir, fans voir leurs maîtreffes ! Ils réfolurent de tout rifquer. Il fut arrêté, que le Prince accompagneroit Aboan, au rendés-vous qu'Onahal lui avoit donné dans le bois des Orangers. On se reposa du reste, sur la tendresse d'Onahal, pour Aboan.

Le Roi, de son côté, accabloit Imoinda, de reproches, & de menaces. Rien ne pouvoit calmer sa jalousie, rien ne pouvoit le dissuader, que la chûte de sa maîtresse, n'eût été préméditée, pour tomber dans les bras de son rival. Tous deux, lui paroissoient également coupables; & les protestations d'Imoinda, ne servoient qu'à fortifier ses soupçons. Il la laissa enfin, en proye aux plus mortelles frayeurs.

En rentrant dans son appartement, il dépêcha un Courtisan affidé, pour sçavoir ce que faisoit le Prince, & s'il se disposoit à partir ? Il apprit, qu'Oronoko étoit chez lui, qu'il é-

toit plongé dans la tristesse ;
mais, qu'on n'y voyoit aucuns
préparatifs, pour son départ.
Ce rapport confirma les soupçons du Roi. Il donna ordre,
qu'on épiât soigneusement les
démarches, & les mouvemens
du Prince ; & qu'on l'avertit de
tout.

L'heure du rendez - vous ve-
nue, les deux amans sortirent
seuls, & sans bruit, pour s'y
rendre. Ils trouverent la porte
indiquée ouverte, comme Onahal l'avoit promis. Dès qu'ils
furent entrés, les espions, qui
les avoient observés, de loin,
coururent en rendre compte au
Roi.

Onahal fut d'abord effrayée,
de voir le Prince, avec Aboan.
Mais cette frayeur même, join-
tes aux instances pressantes de

son amant , & aux promesses d'Oronoko , ne servit qu'à la déterminer plus vîte à consentir à tout ce qu'on exigeoit d'elle. Les momens étoient précieux : on ne disputa pas longtems.

Onahal , conduisit le Prince , à l'appartement d'Imoinda ; où elle ne l'eut pas plutôt introduit , & fermé la porte sur lui , qu'elle vola pour rejoindre A-boan. Imoinda étoit au lit, & ne faisoit que de s'endormir , après beaucoup de pleurs versés , tant sur le triste sort de son amour , que sur le prochain départ de son amant.

Il s'approcha doucement de son lit : il l'éveilla avec tous les ménagemens qu'un tendre amant croit les moins capables d'allarmer une amante endormie. Qu'on se peigne les mouvemens

de surprife, de joye, & de terreur, dont Imoinda fut faifie, à
la vûe du Prince ! Qu'on fe figure auffi, ce qui dut fe paffer,
entre deux jeunes perfonnes,
que l'occafion, & l'amour, in-
vitoient également à jouir d'une
félicité, fi longtems attendue !
Il fuffit au Lecteur, de fça-
voir, qu'il ne manqua rien à
leur bonheur ; qu'Oronoko, fut
pleinement convaincu, de toute la tendreffe d'Imoinda ; &
que les charmes de cette aimable fille, n'avoient fouffert aucune altération, depuis qu'elle
étoit entrée au Sérail. Mais tandis que leurs ames confondues
fe noyoient dans ces torrens de
délices, en oubliant avec quelle celérité les heures coulent en
de fi doux momens ; & que le
jour, prêt à paroître, alloit les
séparer

féparer peut-être pour jamais : un grand bruit les tire tout à coup de cette charmante yvref- fe ! Le Sérail retentit d'un mur- mure fourd & confus, de plu- fieurs voix d'hommes, & d'un cliquetis d'armes, inufité, dans ce lieu confacré au plaifir.

Le Prince étonné, s'élance des bras d'Imoinda, prefque morte de frayeur; & fans fon- ger à reprendre fes habits, il fe faifit d'une petite hache d'ar- mes, qu'il ne quittoit jamais, avec laquelle il fe met en de- voir de défendre la porte, qu'on tâchoit déja d'enfoncer. La vio- lence avec laquelle on y tra- vailloit, fit connoître au Prince, qu'elle ne tiendroit pas long- tems.... Qui que vous foyez (dit- il d'une voix tonnante) qui ofez entreprendre d'entrer par force

dans cet appartement, apprenez
que le Prince Oronoko en dé-
fend l'entrée ; & qu'il lavera
l'infulte qu'on lui fait, dans le
fang du premier Téméraire, qui
ofera y mettre le pied !....

Ces mots furent à peine pro-
noncés, que le bruit ceffa. Mais
une voix fe fit entendre, & dit,
que c'étoit par ordre du Roi
qu'on agiffoit. Qu'on ne pouvoit fe difpenfer, d'aller apprendre à ce Monarque, que les avis
qu'on lui avoit donnés, étoient
bons : mais qu'on avertiffoit le
Prince de fonger à fa fûreté ; &
qu'on le fupplioit de croire, que
ce confeil lui étoit donné par un
véritable ami.....

Imoinda, qui avoit eu le tems
de fe remettre, fe fiant fur fes
charmes & fur la foibleffe du
Roi, preffa alors Oronoko, de

s'échaper au plus vîte. Je l'assu-
rerai, dit-elle, que c'est, par surprise, & par force, que vous
êtes entré dans mon appartement. J'ajouterai même, s'il le
faut, que les menaces les plus
terribles, m'ont empêché d'appeller du secours... Le plus pres-
sé, c'est de vous éloigner, & de
joindre au plûtôt votre armée,
où vous n'aurez rien à craindre :
il n'y a pas un soldat, qui ne
donnât sa vie pour vous... d'ailleurs, votre paix sera plus facile
à faire.... Le Roi est si âgé... que
sçait-on ? Partez, cher Prince :
adieu.... ne craignez rien pour
moi ! ne songez qu'à vous !...

Le Prince, insensible aux instances de sa maîtresse, étoit à
ses pieds, tenant une de ses
mains, qu'il lavoit de ses larmes ! Il ne pouvoit se résoudre

à l'abandonner au courroux du
Roi..... Il eût perdu le tems.
précieux , que ſes amis lui a-
voient laiſſé , ſi Aboan & Onahal n'étoient venus joindre leurs
prieres à celles d'Imoinda , &
s'ils ne l'avoient aſſuré , qu'ils
avoient concerté une ruſe , qui
la ſauveroit infailliblement. Enfin , convaincu , par leurs diſ-
cours , & par leurs larmes , le
Prince ſe laiſſa arracher des bras
de ſa maîtreſſe , & partit pour
l'armée , pénétré de douleur.

A peine étoit-il ſorti du ſerrail , que le Roi y arriva. Il abor-
da Imoinda , avec la fureur, &
la rage , dans les yeux. Il lui fit
des reproches ſanglans , ſur ſa
perfidie , en jurant , qu'il ſçau-
roit bientôt ſe venger d'elle , &
de ſon téméraire Amant ! Imoinda étoit à ſes pieds , la face con-

tre terre, & moüillant le plan-
cher, de ses larmes. Elle le sup-
plia, en sanglotant, de lui accorder le pardon d'une faute,
qu'elle n'avoit commise qu'in-
volontairement. Elle prit à témoin Onahal (qui étoit pros-
ternée comme elle) que c'étoit
à son insçû, que le Prince avoit
pénétré dans son appartement ;
que tout son crime enfin, étoit
d'avoir cedé à la violence !

Ces derniers mots changerent
les dispositions du Roi. Il avoit
résolu de venger lui-même son
injure, en poignardant Imoinda. Il résolut de la laisser vivre.

Mais, comme le plus grand
des crimes, parmi ce peuple, est,
d'avoir commerce avec une femme, qui a appartenu au pere,
au fils, ou au frere de l'amant,
il regarda alors Imoinda, com-

me souillée, & par conséquent
comme perdue à jamais pour
lui. Il ne pouvoit pas, non plus
(quand même il eût été disposé
à pardonner à son petit-fils) la
lui résigner, parce qu'elle avoit
porté le *Voile Royal*.... Il ordonna donc, qu'Imoinda & Onahal
fussent chassées du serrail, & li-
vrées à un Marchand, de confiance, pour être venduës, comme esclaves, dans un pays éloi-
gné tel qu'il lui plairoit. Cette
sentence étoit, suivant les pré-
jugés du pays, plus ignominieu-
se, que la mort même. Elles im-
plorérent, en vain, la clémence
du Roi, qui ne daigna pas les
entendre. Il commanda que son
ordre fût executé sur le champ.
Il fut obéi, & la chose fut faite, si secrettement, qu'elle ne
fut connuë que de ceux qui vi-

vóient dans l'intérieur du ferrail, où il fut défendu d'en parler.

Le vieux Monarque n'avoit pas été févére jufqu'à ce point, fans fouffrir extrémement. Mais il étoit du nombre de ceux , qui font toujours contens d'eux-mêmes, en executant ce qu'ils ont réfolu , foit en bien, foit en mal. Il ne tarda pourtant pas, dès que fon couroux fut un peu réfroidi , à réfléchir fur les excès aufquels il s'étoit porté. Il fe rappella , de fang froid , toutes les circonftances de cette malheureufe avanture ; & fur-tout, la déclaration qu'Imoinda lui avoit faite, dans le bain , d'appartenir à un autre. Cet autre étoit fûrement fon petit-fils ! Il ne pouvoit en douter ! .. cependant une paffion aveugle , & honteufe à fon âge , l'avoit ren-

du fourd à cette cruelle vérité !..
L'aveu qu'il fe fit, à lui-même,
de cette premiere injuftice, fut
bientôt fuivi d'un regret fincere
des égaremens dans lefquels elle
l'avoit plongé par degrés. Il rou-
git de fes torts envers fon petit-
fils ; & les remords qu'il fentit,
d'avoir traité l'aimable Imoinda
fi inhumainement, l'affligérent !

Ce qui le tourmentoit le plus,
étoit une crainte affez naturelle
à un vieillard : il n'étoit plus en
état de mener fes troupes à la
guerre. Oronoko, le feul qui
reftât de fa race, étoit fon uni-
que défenfeur, & feul capable
de le maintenir fur le thrône !
Cependant, il venoit de l'offen-
fer au point de le mettre dans le
cas d'une révolte ! il n'ofoit efpérer qu'Oronoko, pût jamais
lui pardonner le châtiment in-
digne

digne qu'Imoinda avoit souffert, au cas que ce Prince vînt à en être instruit ! il se reprochoit, d'avoir deshonoré une fille de cette qualité, qu'il pouvoit punir plus honorablement, en la tuant de sa main, comme elle l'en avoit supplié ! (remord d'une espece singuliere, mais fondé sur le préjugé nationnal :) Quelle contrée en est exempte ? Quoiqu'il en soit, c'est ce qui inquiétoit le plus le Roi ; & la frayeur qu'il eut, que le Prince ne vengeât hautement cet affront, le fit penser sérieusement à prévenir les effets de son ressentiment, en lui faisant faire quelques excuses, sur ce qui s'étoit passé.

Il dépêcha un de ses confidens, vers lui, avec ordre, de sonder les dispositions du Prince, & de lui faire connoître le regret qu'avoit le Roi, de la précipitation avec laquelle il en avoit agi, tant envers l'amant, qu'envers l'amante. Il recommanda, furtout au Meſſager, de cacher foigneuſement à Oronoko, qu'Imoinda eût été vendue. Il devoit l'aſſurer, qu'on l'avoit fait mourir ſecrettement.

Quand cet homme arriva au camp, il apprit qu'Oronoko étoit prêt à livrer bataille à l'ennemi. Dès que le Prince le ſçut arrivé, il donna ordre, qu'on l'amenât dans ſa tente, où il l'embraſſa, en entrant, avec de grandes marques de joie, & de diſtinction. Mais cette vivacité, qui n'avoit d'autre cauſe, que l'eſpoir d'apprendre des nouvelles conſolantes de ce qui lui étoit ſi cher, s'évanouit bien-tôt, en enviſageant le Meſſager.

Le Prince impatient , quoique pénetré de crainte , lui faiſoit mille queſtions à la fois , & toutes concernant Imoinda. Mais ſi elles demeuroient ſans réponſes, les yeux & les ſoupirs de cet homme , ne lui faiſoient que trop preſſentir ſon malheur ! Le Meſſager ſe jette enfin aux pieds du Prince , & les baiſant , avec tout l'embarras d'un homme qui a une grace à demander, mais qui tremble d'en dévoiler l'objet , il le ſupplie, de s'armer de tout ſon courage , pour entendre les funeſtes nouvelles , qu'il vient lui annoncer! …. Ah , dit Oronoko, d'une voix tremblante , *tu peux parler : Je ne m'attens que trop à ce que tu vas me dire ! Imoinda n'eſt plus…. épargne-moi le reſte !* Le ſilence , & les pleurs du Meſſager , achevérent d'accabler le Prince. G ij

Quand il fut un peu revenu à lui, le Meſſager le pria de lui permettre de s'acquitter de la derniere partie de ſa commiſſion. Je te le permets, dit Oronoko; je te défie de me rien dire de plus terrible que ce que je prévois! L'autre, lui fit part, alors, de l'affliction du Roi, & de ſes regrets, ſur la maniere cruelle dont il avoit traité Imoinda; ainſi que de la crainte qu'il avoit, que cette fatale cataſtrophe ne devînt funeſte au Prince, par l'excès de douleur, qu'elle pourroit lui cauſer. Il ajouta, que le vieux Monarque, l'exhortoit à ſupporter en héros, un malheur, que les Dieux mêmes ne pouvoient réparer; & à chercher ſa conſolation dans la gloire des armes, en attendant que la mort, de ſon ayeul, qui ne pouvoit être que très-prochaine, vînt le venger, en lui transportant sa couronne.

Le Prince lui ordonna, de retourner vers son Maître, & de lui dire, qu'Oronoko n'attendoit aucune satisfaction de son ayeul. Que s'il avoit reçu une pareille injure de tout autre, le rang, ni l'âge, ne l'eussent pas empéché d'en tirer une vengeance éclatante ! Qu'à l'égard de la gloire des armes, il abandonnoit, sans regret, la part qu'il pouvoit y prétendre, à de jeunes guerriers, plus fortunés, & plus dignes de la faveur des Dieux. En un mot, qu'il étoit résolu, à passer le reste de sa vie dans les regrets d'avoir abandonné au pouvoir, d'un barbare, tout ce que la jeunesse, l'innocence, & la beauté, eurent jamais de plus accompli !

A peine avoit-il congedié le Meffager du Roi, que les Officiers les plus diftingués de l'armée entrérent, pour l'avertir qu'on n'attendoit plus que lui, pour attaquer les ennemis. Mais il les renvoya brufquement : & en s'enfermant dans fa tente, il donna ordre à la garde, de n'y laiffer entrer qui que ce foit.

L'ennemi approchoit pourtant à grands pas, vers le camp d'Oronoko ; & les Officiers fentant le befoin qu'ils avoient de leur Général, s'affemblérent en corps, & vinrent inveftir fa tente. Le danger preffant de l'armée, ne leur permit pas de refpecter les ordres, que la garde du Prince leur objectoit. Ils entrérent en foule ; & fe profternant, aux pieds d'Oronoko, ils le priérent, les larmes aux yeux, de ne pas les abandonner à la fureur, d'une armée ennemie, qu'ils étoient sûrs de vaincre, sous ses ordres, mais que son absence leur rendoit formidable, parce que la confiance, que la nation avoit en lui, faisoit toute sa force ! Ce spectacle, n'émut point le Prince, absorbé dans sa douleur. Il ne daigna pas même jetter un regard sur eux. Allez, leur dit-il, en se retournant d'un autre côté, allez partager, entre-vous, des lauriers qui ne me flatent plus ! laissez-moi remplir, en repos, ma triste destinée !

Accablés de cette réponse, à laquelle le caractére infléxible d'Oronoko ne leur permettoit pas de repliquer, ils se bornerent, à lui demander humblement, sur qui il jugeoit à propos qu'ils jettassent les yeux, pour les commander, en sa place ? Je suis hors d'état, répondit-il, de m'occuper de ce soin ! Tout ce que je puis faire, est de souhaiter, que votre choix tombe sur le plus brave, ou sur le plus heureux ! Hélas, (dit-il en soupirant) les titres n'ajoutent rien à la vertu, non plus qu'à la vaillance ; & l'éclat du sang n'influe pas toujours sur les qualités du cœur, & de l'esprit ! Toutes ces faveurs, qui ne sont dûes qu'au hasard, servent encore moins à rendre heureux celui qui les possede ! Vous en voyez un grand exemple, dans le triste Oronoko, autrefois à vos yeux le plus fortuné de tous les hommes, aujourd'hui, le plus misérable.

Il se retira, en achevant ces mots, dans le fond de la tente,

& malgré la vivacité de leurs
inftances, ils n'en purent obte-
nir autre chofe. L'armée entie-
re, qui afpiroit après fon chef,
voyant revenir les Officiers,
d'un air mélancolique, & les
yeux baiffés, augura mal du
fuccès de cette journée. On fit
pourtant choix d'Aboan, pour
remplacer le Prince. Mais,
quoiqu'il fût eftimé des troupes,
le foldat accoutumé à marcher
fous un Général, qu'il regardoit
comme invincible, rappelloit
en vain, cette ardeur, & cette
confiance, toujours garantes des
grands fuccès. A peine le combat étoit-il commencé, qu'A-
boan eut le chagrin de les voir
enfoncés, & bien-tôt en fuite
vers le camp, ou les ennemis
les pourfuivirent, avec un grand
carnage, jufques fous leurs ten-

tes. En vain, Aboan mit il en
usage, tout ce qu'on pouvoit
attendre d'un grand Général,
pour les rallier, & pour les engager à se défendre. La terreur
s'étoit emparée de ses troupes ;
il fut abandonné.

Les gardes, qu'on avoit laiss-
sés, autour de la tente du Prince, voyant les soldats fuïr devant l'ennemi , & se disperser
dans la plaine, firent un cri si
terrible, qu'il frappa le Prince ,
& le réveilla de la douleur lé-
targique, dans laquelle il étoit
plongé. Dès qu'il fut informé
de ce qui se passoit, l'amour de
la patrie reprit ses droits dans
son cœur , & suspendit pour un
tems ses réflexions sinistres. Il
se détermina , tout à coup à se-
courir son armée, ou à ne pas
survivre à sa défaite. Allons,

amis, dit - il , marchons à la gloire ! Si notre perte eſt certaine , cherchons-la du moins dans la voye la plus honorable ! Ce n'eſt pas dans un lit , que la mort doit ſurprendre Oronoko : C'eſt encore moins dans les fers, qu'il doit l'attendre ! Que *Jamoan* (c'étoit le Général ennemi) ſe repente, encore une fois, d'avoir paſſé les limites , que j'avois preſcrites à ſon ambition !

Tandis qu'il parloit ainſi , ſes gens l'armoient, pour le combat. Il fut prêt, en un moment; & ſortant de ſa tente, avec une contenance, plus fiere, & plus animée, qu'il ne l'avoit jamais eue en pareil cas , ſes ſoldats crurent voir, en lui, une divinité armée pour les ſecourir, & ſauver leur païs. Il ſe précipita

dans le plus épais des bataillons
ennemis, avec un petit nombre
des siens, ramassés à la hâte.
Son bras, animé par le déses-
poir, fit des exploits au-dessus
de la force ordinaire de l'homme.
Son exemple, & la vûe du pé-
ril où il étoit engagé, fit un effet prodigieux sur ses soldats.
Ils se rallierent, & revinrent au
combat, avec un nouveau courage, & une ardeur qu'ils ne
sentoient jamais qu'en combat-
tant sous ses yeux. Le détail de
leurs exploits, est inutile. Ils
remporterent une victoire com-
plette ; & *Jamoan*, après avoir
été blessé dangereusement par
Oronoko, fut fait prisonnier de
sa main. Ce Jamoan avoit du
mérite, il devint dans la suite
extrêmement cher au Prince,
qui le distingua même d'abord

(contre l'usage ordinaire) du reste des captifs, en ne l'envoyant point vendre au marché public. Il le garda, dans sa cour; & les bons traitemens, que Jamoan y reçut, lui firent si bien oublier sa captivité, qu'il ne songea jamais à la quitter. L'affection qu'il prit pour le Prince, lui fit bien-tôt craindre, que l'excès de sa mélancolie ne le conduisît au tombeau. Il s'attacha à l'en distraire, par le récit de mille avantures galantes, & extraordinaires, ausquelles il sçavoit donner un tour si agréable, que le Prince ne pouvoit s'empêcher de les entendre avec plaisir.

Oronoko, vainqueur, aima mieux demeurer dans son camp, que de retourner dans une cour, où tout lui rappelleroit la perte,

qu'il avoit faite. Les Officiers
de l'armée, à qui la cause de
ses chagrins étoit connue, in-
venterent toutes sortes de jeux,
& de plaisirs, pour dissiper, &
charmer ses ennemis. Leurs efforts furent d'abord inutiles :
Mais leur zéle, soutenu par l'e-
stime, & par l'amitié, ne se
rallentit pas.

Tant de soins & d'attentions,
ne pouvoient manquer de flatter le Prince.-La complaisance
seule l'engagea insensiblement
à y répondre ; & le tems, joint
aux distractions continuelles,
qu'on s'attachoit à lui procurer,
acheverent enfin d'émousser, par
dégrés, ce qu'il y avoit de trop
vif, dans le sentiment de sa
douleur. Alors, on lui repré-
senta, qu'il ne pouvoit se dispenser de répondre aux desirs

du Roi. Qu'il feroit même dangereux, tant pour lui, que pour
fes amis, de paroître méprifer
les invitations d'un Monarque,
qui l'avoit déja follicité mille
fois de revenir à la cour. Oronoko, étoit généreux. L'inte-
rêt de fes amis l'emporta fur fa
répugnance ; il confentit enfin
à leurs defirs.

Il fut reçu à la Cour, en con-
querant, avec toute la joye,
& la magnificence poffible. Le
Roi, ne fe laffoit pas de le
combler de careffes ; le peuple,
le regardoit, comme un Dieu
protecteur de la nation ; & les
Dames fe difputoient à l'envi,
la conquête de ce jeune Héros.
Mais fon cœur étoit tellement
rempli de la douleur de fa perte, que tout ce que les graces,
de la jeuneffe, & de la beauté,

ont de plus féduifant., ne trouvoit aucun paffage, pour y faire
la moindre impreffion.

Il arriva quelque tems après
dans ce Pays un Navire Efpagnol, dont le Capitaine étoit
déja connu d'Oronoko, qui lui
avoit, ci-devant, vendu plufieurs Efclaves. L'Efpagnol étoit
fin, rufé & d'une converfation
amufante ; mieux élevé enfin,
& plus poli', que ces fortes de
gens ne le font d'ordinaire : auffi
étoit-il toujours mieux reçu, &
plus favorifé à la Cour, que tous
ceux qui abordoient cette côte
pour le même commerce. Oronoko, qui aimoit les façons Eu-
ropéennes, vendit un jour beaucoup d'Efclaves à cet Efpagnol,
& pour lui témoigner l'eftime
qu'il faifoit de lui, il le combla
de préfens.

Un

Un jour, qu'il paroiſſoit le plus ſenſible aux bienfaits d'Oronoko, il le ſupplia de lui faire l'honneur d'accepter une fête dans ſon vaiſſeau, avant ſon départ, qui étoit prochain. Le Prince accepta l'offre avec plaiſir. Rien ne fut épargné, pour les préparatifs d'une réception digne d'un pareil hôte; & au jour indiqué, le Capitaine ſe rendit ſur le rivage. Son vaiſſeau décoré de tapis, de couſſins de velours, de banderolles de toutes couleurs, étoit ſuivi d'un autre grand batteau, rempli de Muſiciens, & de Trompêtes, dont l'harmonie guerriere flattoit beaucoup l'oreille des Africains. Oronoko l'attendoit, accompagné de Jamoan, Aboan, & d'une centaine de jeunes Seigneurs, des plus diſtingués du Pays.

Ils furent régalés magnifique-
ment dans le Vaiſſeau, & les
vins les plus délicieux n'y furent
ſur-tout pas épargnés. Après le
repas, le Prince, ainſi que le
reſte de la compagnie, parut
enchanté, de la ſtructure du Bâ-
timent, & des différens objets
qu'il voyoit autour de lui. Comme il ne lui étoit pas encore arrivé d'en viſiter aucun de cette
grandeur, il fut curieux d'en
examiner toutes les parties, &
demanda à deſcendre dans les
chambres. Le reſte de ſa ſuite
auſſi raſſaſiés que lui, de vins,
& de bonne chére, ne manqua
pas de le ſuivre.

Alors, le Capitaine, qui avoit
préparé, de longue main, le ſuc-
cès de ſon projet, fit un ſignal à
ſon Equipage. Dans l'inſtant,
toutes les iſſuës furent fermées ;

& les Affricains faisis, & chargés
de fers.

L'Espagnol, qui sentoit, qu'il
n'avoit pas de tems à perdre,
ordonna dans le moment, qu'on
mît à la voile, & le vent se trou-
vant favorable, emporta le vais-
feau, en moins d'une heure,
hors de la vûe de Coramantien.
On peut conjecturer, quels furent les fentimens d'Oronoko à
la vûe d'une action aussi indi-
gne! Un lion, pris dans les toi-
les, n'est pas plus furieux, & sa
rage ne fait pas plus d'efforts,
pour sa liberté. Mais il s'épuisoit
en vain. Ses fers étoient disposés
de maniere, qu'il ne pouvoit
non seulement remuer les mains
pour sa défense, mais même
s'en servir pour se donner la
mort, qu'on craignoit qu'il ne
préférât à l'esclavage. Les pré-

cautions, à cet égard, avoient
été pouſſées au point, qu'il ne
pouvoit bouger de la place, où
il étoit lié, ni s'approcher d'aucune partie ſolide du vaiſſeau,
de peur qu'il ne terminât tout
à coup ſes malheurs, en ſe caſ-
ſant la tête : ce qui eſt aſſez ordinaire aux Négres, en pareil
cas. Privé de tous moyens capables de le délivrer de la vie,
le malheureux Prince réſolut de
ſe laiſſer mourir de faim. L'excès de ſon malheur lui fit trouver une eſpéce de conſolation
dans cette penſée ; & à peine
s'en fut-il promis fermement
l'exécution, que renfermant ſon
deſeſpoir, & ſon indignation
dans le fond de ſon cœur, il ſe
coucha, la face contre terre, &
refuſa également de manger,
ou de parler à perſonne.

Cette nouvelle n'inquiéta pas
peu le Capitaine, & d'autant
plus, que tous ceux de la suite
du Prince paroissoient être dans
l'intention d'en faire de même.
Le Traître craignit bientôt de se
voir privé du gain considérable,
qu'il avoit fondé sur sa perfidie.
Mais n'osant s'exposer aux reproches, qu'Oronoko étoit en
droit de lui faire, il lui envoya
un homme de son Equipage,
avec ordre de l'assurer, qu'il
étoit maintenant au desespoir,
d'avoir ainsi violé, à son égard,
les droits de l'hospitalité ; & encore plus, de n'y trouver aucun
remede, à cause de l'éloigne-
ment où l'on étoit du Coramantien, & des vents contraires,
pour y retourner : mais qu'il se
proposoit de le mettre à terre,
lui & les siens, au premier Port

où fon Vaiffeau toucheroit.
L'Envoyé du Capitaine, attefta
par ferment, la fincérité de ces
promeffes, & il ne demanda, en
revanche, au Prince, que fa
parole, de ne plus fonger à fe
laiffer mourir.

Oronoko, dont les idées, fur
l'honneur, n'avoient reçû aucune altération, & qui, de fa
vie, n'avoit manqué à fa parole,
crut fermement tout ce que cet
homme lui difoit. Il n'exigea,
avant de s'engager à fon tour,
que d'être délivré des fers, dont
il étoit chargé. Mais comme les
inftructions de l'Envoyé ne s'é-
tendoient pas jufques-là, il pria
le Prince de lui permettre d'en
aller conférer avec le Capitaine.
Le Capitaine fit dire à Oronoko,
qu'il étoit au défefpoir, de ne
pouvoir l'obliger en ce point,

parce que l'offense avoit été si grande, qu'il avoit lieu de craindre, que le Prince ne fît usage de sa liberté, pour tenter une vengeance, qui pourroit lui devenir fatale.

Oronoko jura par l'honneur, & par les Dieux, de se conduire, dans le vaisseau, avec la même franchise, & la même amitié dont il usoit avec le Capitaine, avant sa détention, & de lui obéir en tout, comme au Roi même.

Mais on dit au Prince, que la différence des religions laissoit encore quelque défiance dans l'esprit du Capitaine; parce qu'ayant engagé sa foi, comme chrétien, & ayant juré au nom d'un Dieu puissant, il n'avoit que des tourmens éternels à attendre après sa mort, s'il violoit sa promeſſe, tandis que le Prince ne riſquoit rien en atteſtant des Dieux auſſi vains que ridicules. C'eſt donc uniquement par cette crainte, reprit vivement Oronoko, que le Capitaine ſe croit lié à ſon ſerment ? Qu'il ſçache, qu'en jurant, par l'honneur, je crois faire plus que lui ! Tout homme, qui viole ce ſerment, ſe rend l'opprobre de la ſocieté : C'eſt un corps, dont l'ame eſt avilie ; & le mépris dont on l'accable, eſt à mon gré, le plus grand des ſupplices, s'il lui reſte quelque ſentiment ! Eh, que m'importe, à moi, qu'un homme jure, par ſon Dieu, (quelque redoutable qu'il puiſſe être,) ſi cet homme ne connoît pas l'honneur ? Il en ſera puni, dit-on, dans l'autre vie ? Eh, que m'en reviendra-t'il ? Quel fruit puis-je

tirer

tirer d'une vengeance, toujours trop lente, & qui d'ailleurs, ne vient jamais à la connoissance de personne? Tandis, qu'un homme d'honneur, traîne ses jours dans l'opprobre & la honte, cent fois pire que la mort, & succombe enfin sous le poids de son ignominie! Ah, quiconque est capable de manquer à son honneur, sera-t'il plus fidéle à son Dieu? En achevant ces mots, qu'il accompagna d'un souris amer, & dédaigneux, Oronoko refusa de répondre davantage. Le Capitaine, embarrassé, se consulta long-tems: Il sentit enfin, que s'il vouloit sauver les captifs, il étoit indispensable de briser les fers du Prince; afin, qu'en le leur montrant libre, ils reprissent aussi courage, dans l'espérance de leur liberté prochaine.

I. Part. E

Il alla, lui-même, rendre visite
à Oronoko ; & après beaucoup
de mauvaises excuses, sur ce qui
s'étoit passé, il lui réïtéra ses
promesses. Le Prince voulut bien
s'en contenter; il donna sa main,
au Capitaine, en signe de ré-
conciliation, & comme un gage
de la conduite qu'il promettoit
de tenir, dans le vaisseau. Oronoko, délivré de ses fers, fut
conduit, dans la chambre du Capitaine, où après avoir mangé,
& s'être reposé pendant quelques heures, (ce qu'il n'avoit
pas fait, depuis quatre jours) il
fut invité à aller consoler ses
compagnons enchaînés, qui s'ob-
stinoient à refuser toute espece
de nourriture. On le pria, de les
engager à manger, en les assurant de leur liberté, au premier
Port où le vaisseau pourroit a-

border. Oronoko étoit trop généreux, pour conserver la moindre défiance. Il vola vers ces
malheureux, qui furent tranf-
portés de joie, en le revoyant.
Ils se jettérent à ses pieds, qu'ils
baiférent mille fois, en les mouil-
lant de leurs larmes. Ils écouté-
rent tout ce qu'il leur dit, pour
leur confolation, avec autant de
confiance, que si leurs Dieux
mêmes leur avoient parlé! Il les
exhorta, à porter leurs chaînes,
avec ce même courage qu'il leur
avoit connu, dans les travaux
de la guerre. Il leur repréfent
que leur fûreté même l'exigeoit
néceffairement, de peur, que
quelques mutins, par un reffen-
timent mal entendu, ne fe livraf-
fent à des projets de vengeance,
qui pourroient retomber fur eux,
fur leurs compagnons innocens,

& peut - être fur lui - même. Il finit, en les affurant, que leur tranquilité, & leur patience dans les fers, (pour le peu de tems qu'ils avoient à y être) étoit la preuve la plus fenfible, qu'ils puffent lui donner, de leur amitié pour lui.

Ils criérent, d'une voix unanime, qu'ils étoient prêts à tout, & qu'ils croiroient ne jamais trop fouffrir, dès que la chofe étoit néceffaire, pour le repos, & la fûreté de leur Prince ! Dèslors, ils ne refuférent plus de manger ; & ils regardérent leur obéiffance, aux ordres du Capitaine, comme feule capable de hâter la liberté d'Oronoko, qui, pendant le refte du voyage, fut traité avec tous les égards dûs à fon rang.

Mais, rien ne pouvoit le dif-

traire de fa mélancolie, que le
fouvenir d'Imoinda entretenoit
toujours ! Il regardoit même l'a-
vanture de fa captivité, comme
une vengeance des Dieux, qui
avoient voulu le punir, en l'hu-
miliant, d'avoir livré cette aimable perfonne à la cruauté d'un
Roi jaloux, lorfqu'il l'avoit aban-
donnée pour fuir dans fon camp.
Toujours occupé des plaifirs qu'il
avoit goûtés avec elle, & toujours déchiré par les reproches
qu'il fe faifoit d'avoir été caufe
de fon infortune, on peut juger,
que fon voyage fut auffi trifte
qu'ennuyeux.

Le navire arriva enfin à l'em-
bouchure de la riviere de Surinam, où il y avoit une colonie,
appartenant au Roi d'Angle-
tetre. Le Capitaine, qui avoit
des efclaves à livrer à quelques

habitans, y jetta l'ancre. J'ai déja dit, de quelle maniere ces fortes de livraifons fe font. Chaque habitant de la colonie, qui avoit un marché fait, vint prendre fon lot, à bord du vaiffeau. Les propriétaires de la plantation, où je me trouvois alors, étoient de ce nombre.

Le Capitaine Efpagnol, qui avoit donné fes ordres d'avance, commanda à fes gens, de faire monter les efclaves enchaînés fur le tillac : C'étoit ceux du Coramantien; qui après avoir été difperfés, en plufieurs lots, furent vendus, à qui en voulut. Il recommanda pourtant aux habitans de Surinam de les féparer, les uns des autres, dans la crainte, qu'étant réunis, ils ne s'excitaffent mutuellement à une révolte, qui eût pû entraîner la ruine de la colonie.

Oronoko, fut pris d'abord, & livré au maître de notre habitation, qui eut le premier lot, avec feize autres efclaves de différent fexe. Le Prince vit du premier coup d'œil, de quoi il étoit queftion ! Défarmé, & fans défenfe, il apperçut que la réfiftance feroit vaine. Il fe contenta, de lancer, au Capitaine, un regard fier, & méprifant, qui fit rougir ce fcelerat ; & en paffant dans le bateau de fon nouveau maître, il n'ouvrit la bouche, que pour dire, à l'Efpagnol : *Adieu, Monfieur : Cé que je vais fouffrir, eft peu de chofe, en comparaifon des lumieres que j'acquiers, par rapport au fond qu'on doit faire, & fur vous, & fur le Dieu, au nom duquel vous avez juré !*

Il affura fon nouveau maître, qu'il ne feroit aucune réfiftance ;

& s'adreſſant aux Négres : *Allons,*
dit-il, *mes chers compagnons d'eſ-*
clavage ! Deſcendons, & voyons, ſi
nous trouverons plus d'honneur, &
de probité dans le nouveau monde,
où nous allons !

Fin de la premiere Partie.

www.ingramcontent.com/pod-product-compliance
Lightning Source LLC
Chambersburg PA
CBHW060605100426
42744CB00008B/1319